SUCCE**SSION**

DE

Madame la Marquise DE MONTAULT

(2ᵉ VENTE)

OBJETS D'ART

ET

D'AMEUBLEMENT

Tableaux

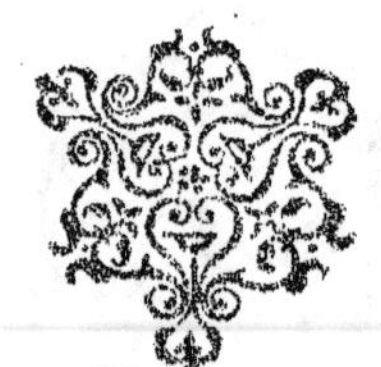

OBJETS D'ART

ET

D'AMEUBLEMENT

TABLEAUX

CONDITIONS DE LA VENTE

Elle sera faite au comptant.

Les acquéreurs payeront *dix pour cent* en sus des enchères.

Paris. — Imp. Georges Petit, 12, rue Godot-de-Mauroi. — 16752-06.

CATALOGUE

DES

OBJETS D'ART

ET D'AMEUBLEMENT

des XVIIe, XVIIIe siècles et autres

FAIENCES — PORCELAINES — VERRERIE

Pendules — Bronzes

SIÈGES — MEUBLES

PIANO A QUEUE

Tableaux Anciens & Modernes

AQUARELLES, DESSINS, GRAVURES

Le tout provenant du château de la Ferté-Fresnel (Orne) et dépendant de la

Succession de Mme la Marquise DE MONTAULT

ET DONT LA VENTE AURA LIEU

HOTEL DROUOT, SALLE N° 1

Les Mardi 26, Mercredi 27 et Jeudi 28 Juin 1906
à 2 heures

COMMISSAIRES-PRISEURS

Me PAUL CHEVALLIER	**Me JULES APPERT**
10, rue Grange-Batelière, 10	25, rue Coquillière, 25

EXPERTS

Pour les Objets d'art :	*Pour les Tableaux :*
MM. MANNHEIM	**M. JULES FÉRAL**
7, rue Saint-Georges, 7	7, rue Saint-Georges, 7

EXPOSITION PUBLIQUE

Le Lundi 25 Juin 1906, de 1 heure 1/2 à 5 heures 1/2

D.05412

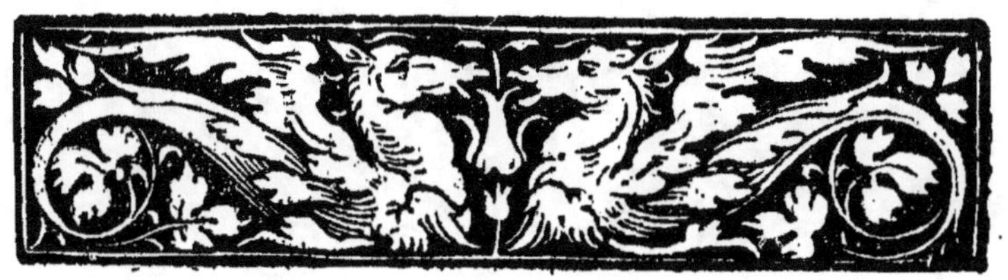

Désignation

FAIENCES, PORCELAINES OBJETS VARIÉS

400 1 — DEUX VASES en céramique montés en ai-
guières en bronze.

400 2 — GROSSE POTICHE à pans en ancienne porce-
laine de Chine, décor de fleurs en bleu.

3 à 32 — Sous ces numéros : VASES, POTICHES,
PLATS, JARDINIÈRES en faïences et porcelaines
diverses. Seront divisés.

33 — CARTEL porte-montre en bois sculpté, peint
et doré : oiseaux. XVIIIe siècle.

159 34 — CARTEL ET BAROMÈTRE en bois sculpté et
doré à rubans et feuillages.

35-40 — Sous ces numéros : PIÈCES variées en
verre.

PENDULES, BRONZES

500 41 — PENDULE plaquée d'écaille et garnie de bronzes. Époque Régence.

415 42 — PENDULE en marqueterie de cuivre et d'écaille, garnie de bronzes. Époque Régence.

300 43 — PENDULE en bois de placage, ornée de cuivres. Fin du XVIIIe siècle.

44 — PENDULE en marqueterie de cuivre sur écaille, ornée de quatre colonnettes avec bas-relief allégorique en bronze.

45 — PENDULE en bois noir, avec cadran en cuivre à rocailles.

405 46 — PENDULE en bronze patiné et doré, personnage assis. Époque Restauration.

47 — DEUX CANDÉLABRES à cinq lumières, en bronze à figures allégoriques. Époque Restauration.

48 — JARDINIÈRE en cuivre, à godrons et sur pieds griffes.

49 — LUSTRE en bronze jaune.

5o — Deux lanternes d'antichambre, variées, en bronze.

51 à 56 — Sous ces numéros : Plusieurs paires de chenets en bronze, modèles à vases, enfants, boules, trophées, etc.

57 à 6o — Sous ces numéros : Flambeaux variés, en bronze et bronze argenté.

SIÈGES

61 — Deux fauteuils Louis XV en bois sculpté, couverts en velours jaune ciselé.

62 — Deux fauteuils et quatre chaises Louis XV, couverts en étoffe à fond bleu

63 — Deux bergères en bois noir, couvertes en satin crème broché à fleurs et soie jaune brochée et lamée de métal.

64 — Fauteuil Louis XV en bois sculpté, couvert en tapisserie au point, à fleurs sur fond jaune.

65 — Chaise en bois sculpté, couverte en tapisserie au point : personnages et animaux. Époque Louis XV.

780 66 — Cinq fauteuils en bois sculpté Louis XV, couverts en tapisserie au point à fleurs sur fond blanc.

67 — Bergère en acajou, couverte en étoffe à fond rouge. Époque Restauration.

68 — Canapé en bois doré, couvert en damas rouge.

400 69 — Lit de repos en bois doré, à figures d'anges.

155 70 — Bergère en bois, couverte en tapisserie au point, à fleurs sur fond vert.

420 71 — Deux fauteuils en bois sculpté et tourné, couverts en tapisserie au point à fleurs sur fond jaune.

72 — Quatre fauteuils couverts en damas rouge avec applications.

950 73 — Sept fauteuils variés, à dossiers carrés, couverts en tapisserie au point.

74 — Deux banquettes couvertes en broderie de soie et velours rouge.

75 — Deux chaises en bois noir et marqueterie d'os, à personnages et fleurs.

350 76 — BERGÈRE en bois et tapisserie au point, à
fleurs sur fond bleu.

77 — GRANDE BANQUETTE en bois doré, à balustres
et pieds griffes.

78-80 — Sous ces numéros : PLUSIEURS BOIS DE
SIÈGES variés.

MEUBLES — TAPISSERIES
PIANO

81 — ARMOIRE à deux portes, en marqueterie, à
vases de fleurs, oiseaux et feuillages. XVIIe
siècle.

82 — GRANDE GLACE dans un cadre en bois
sculpté et doré, à mascarons, feuillages et
volutes. XVIIe siècle.

83 à 89 — SEPT COFFRES variés en bois sculpté :
cariatides, personnages, sujets religieux, etc.

90 — CABINET à portes et tiroirs en ébène et filets
150 d'os. Tiroirs et intérieur des portes ornés de
plaques d'os gravé : personnages et animaux.
Italie, XVIIe siècle. Console analogue sur
pieds en bois tourné.

91 — COMMODE Régence à trois rangs de tiroirs, en bois de placage et bronzes.

92 — COMMODE Régence à trois rangs de tiroirs, en bois de placage et bronzes.

93 — COMMODE Régence à trois tiroirs en bois de placage et bronzes.

94 — COMMODE Régence à trois rangs de tiroirs, en bois de placage et bronzes. Dessus de marbre.

95 — BUREAU à dos d'âne Louis XV, en bois de placage.

96 — COMMODE Louis XV à deux tiroirs, en marqueterie de bois de couleurs à fleurs.

97 — PETITE COMMODE Louis XV à deux tiroirs en marqueterie de bois de couleurs, à trophées d'instruments de musique.

98 — COMMODE Louis XV à trois rangs de tiroirs, en bois de placage et bronzes.

99 — CARTONNIER Louis XV, en bois de placage.

100 — LIT Louis XVI, en bois sculpté et laqué blanc.

400

101 — LIT Louis XV, en bois sculpté, peint blanc
et vert, à feuillages, avec baldaquin garni de
damas vert.

102 — TABLE TRIC-TRAC Louis XVI, en acajou,
sur pieds carrés.

103 — SECRÉTAIRE Louis XVI, en marqueterie
de bois de couleurs, à abattant et tiroirs.

104 — SECRÉTAIRE Louis XVI, en acajou, à
abattant et quatre tiroirs.

340 105 — ARMOIRE normande, en bois sculpté, à
feuillage de chêne, oiseaux, etc. xviiie siècle.

106 — CONSOLE en bois sculpté et peint marron,
reposant sur quatre pieds à volutes et
coquilles. Dessus de marbre. xviiie siècle.

107 — COMMODE en acajou, à trois tiroirs. Garni-
tures de bronzes. xviiie siècle.

2.050 108 — BUREAU sur huit pieds, en marqueterie
d'étain et de bois de couleurs à fleurs.
xviiie siècle.

220 109 — DEUX COMMODES à quatre tiroirs, en marqueterie de bois de couleurs. xviiie siècle.

110 — SECRÉTAIRE à portes et tiroirs, colonnettes
et bronzes. Commencement du xixe siècle.

111 — BUREAU à cylindre en acajou, orné de
bronzes. Dessus de marbre avec galerie de
cuivre. Fin du XVIIIe siècle.

112 — PIANO à queue.

113 — QUATRE CONSOLES d'angle en bois doré.

114 — CONSOLE-SUPPORT en bois doré : mascarons, draperies et volutes.

115 — CABINET à portes et tiroirs, en bois noir
gravé à moulures guillochées.

116 — GUÉRIDON rond, en stuc, à rinceaux et
fleurettes.

117 — DEUX FUTS DE COLONNES en stuc.

118 — TABLE genre Renaissance, en bois noir
sur piètement à balustre.

119 — DEUX MEUBLES en bois sculpté avec do-
rures, ouvrant à deux portes et formant
étagères. Décor de mascarons et motifs géométriques.

120 — LIT en bois sculpté à baldaquin : oiseaux,
feuillages, cariatides, etc.

121 — TABLE-COIFFEUSE en marqueterie, à motifs
géométriques.

122 — MEUBLE à hauteur d'appui ouvrant à une porte en marqueterie, à trophées et fleurs. Ornements de bronze.

123 — DEUX BIBLIOTHÈQUES à portes vitrées, en bois noir et bronzes : cariatides et trophées.

124 — SECRÉTAIRE en acajou à abattant, tiroirs et portes ornées de glaces.

125 — BIBLIOTHÈQUE à portes vitrées en marqueterie de bois de couleurs.

126 — MEUBLE ouvrant à deux portes vitrées; bois de placage et bronzes.

127 — BUREAU en acajou contenant trois tiroirs et à corps supérieur vitré.

128 — DEUX VITRINES-APPLIQUES en bois doré.

129 — BUREAU sur huit pieds et renfermant de nombreux tiroirs. Bois noir à filets de cuivre.

130 — BUREAU à dos d'âne, en bois de placage et bronzes.

131 — CABINET en bois laqué noir, avec paysages en dorure. Sur pied bas.

132 — CHIFFONNIER à sept tiroirs en bois de placage.

245 133 — GUÉRIDON rond en acajou, dessus de
marbre, galerie de cuivre.

235 134 — GRANDE BIBLIOTHÈQUE en ébène, garnie de
bronzes et à filets de cuivre.

205 135 — SECRÉTAIRE en bois de placage et bronzes.

265 136 — TABLE-BUREAU en bois de placage et
bronzes.

200 137 — GUÉRIDON rond, à dessus de marbre
bleu turquin et galerie de cuivre.

138 — SECRÉTAIRE en bois de placage et bronzes.

139 — DEUX ENCOIGNURES en bois de placage.

140 — PETITE TABLE en bois de placage, à trois
tiroirs et tablette d'entrejambes. Dessus de
marbre.

400 141 — TABLE en bois sculpté et doré, à coquilles
et feuillages, et à pieds reliés par une entre-
toise.

3.465 142 — DEUX TABLES variées en bois de placage,
dont une avec corps supérieur, à portes
et tiroirs. Elles sont supportées par des
cariatides en bois sculpté et peint marron.

143 — Écran en bois sculpté, avec feuille en tapisserie au point.

144 — Écran en bois peint gris, feuille en tapisserie au point, présentant une figure allégorique.

145 à 147 — Sous ces numéros : Plusieurs fragments variés d'ancienne tapisserie.

1.110 Portière en broderie, velours et tapisserie au point

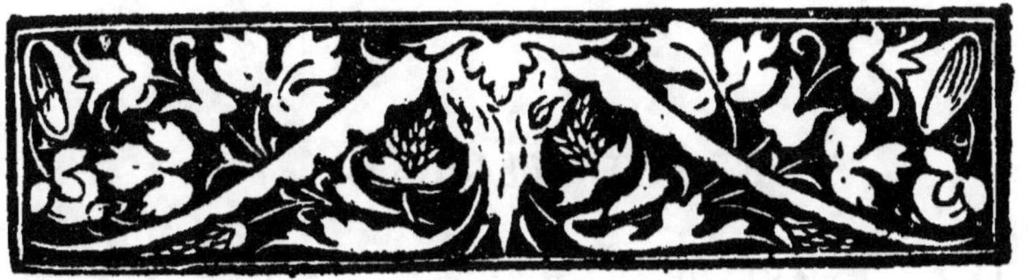

TABLEAUX

ANCIENS ET MODERNES

Aquarelles — Dessins

GRAVURES

ALBANE (École de)

148 — *La Toilette de Vénus.*

CARRACHE (Genre d'Annibal)

149 — *Le Déluge.*

Cadre en bois sculpté.

FRÈRE (Théodore)

150 — *Marchands arabes.*

JOUVENET (Attribué à Jean)

151 — *Portrait d'une béguine.*

Toile de forme ovale.
Cadre en bois sculpté.

LEFEBVRE (Genre de Claude)

152 — *Portrait d'un prélat.*

Toile de forme ovale.
Cadre en bois sculpté.

LOO (Genre de Carle van)

153 — *Portrait d'un conseiller au Parlement.*

MAESTRI (Michel-Ange)

154 — Collection d'aquarelles d'après les maîtres italiens.

MIGNARD (Ecole de)

155 — *Portrait de Lefèvre de Caumartin.*

Cadre en bois sculpté.

MIGNARD (Ecole de)

156 — *Portrait d'un officier en cuirasse.*

Cadre en bois sculpté.

SASSO FERRATO

157 — *La Vierge au voile bleu.*

SCHMITZ

158 — *Portrait de chien dans un paysage.*

Signé et daté : *1840.*

TOURNIÈRES (D'après)

159 — *Fillette en corsage bleu, avec guirlandes de fleurs.*

VALENTIN (Attribué à)

160 — *La Partie de dés.*

VOUET (Genre de Simon)

161 — *Ecce Homo.*

> Toile de forme ovale.
> Cadre en bois sculpté.

WATTEAU (Ecole de)

162 — *La Diseuse de bonne aventure.*

ECOLE FLAMANDE (XVIIe siècle)

163 — *Intérieur d'église avec nombreux personnages.*

ECOLE FLAMANDE (XVIIe siècle)

164 — *Allégorie des Saisons.*

> Suite de trois tableaux.
> Cadres en bois sculpté.

ECOLE FRANÇAISE (XVIIe siècle)

165 — *La Comédie.*

166 — *Vue perspective de Rome.*

Importante gravure.

167 — Sous ce numéro, qui sera divisé,
seront vendus des tableaux,
dessins, aquarelles, gravures,
non catalogués.

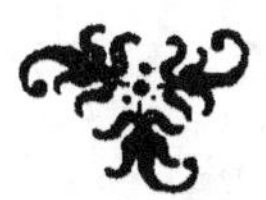